Reinhold Stecher

BOTSCHAFT DER BERGE

Reinhold Stecher

BOTSCHAFT DER BERGE

Tyrolia-Verlag · Innsbruck–Wien

Viele Wege führen zu Gott,
einer geht über die Berge.

Inhalt

12 Vorwort
13 Die schweigenden Berge
16 Die ruhenden Berge
20 Die widerhallenden Berge
24 Die berauschenden Berge
25 Die wärmenden Berge
28 Die fordernden Berge
32 Die gefährlichen Berge
36 Die Dohle
37 Die gefährdeten Berge
40 Die strahlenden Berge
44 Der Wegweiser
45 Der Fels
49 Die mahnenden Berge
52 Der Helm
56 Der kleine Mensch
57 Die Quelle
60 Der Bannwald
64 Das Geschenk
65 Das Seil
68 Die Bergwiese
72 Das Schauen
73 Der Föhn
77 Die heiligen Höhen
80 Das Gipfelkreuz
81 Die Bergmesse
85 Der Herbstabend
88 Die Weite
92 Die Erinnerung

Vorwort

Dieses Buch möchte etwas versuchen, das heute eher einen beklemmenden Beigeschmack hat. Es möchte helfen, die Berge zu erschließen.
Aber nicht mit neuen Liften, die über stille Bergwiesen klappern, oder mit neuen Parkplätzen, die in Talgründe hineingewüstet werden, und auch nicht mit neuen Pisten, die über das sanfte Gesetz der Bergblumen die harte Herrschaft der Planierraupe bringen. Von dieser Art Erschließung, die auch ihre Notwendigkeit hatte, gibt es nunmehr genug.
Die Bilder und Gedanken dieses Buches möchten ein wenig den inneren Reichtum der Berge erschließen. Sie wenden sich an jenen Bergwanderer und Bergsteiger, der auf den Höhen doch noch mehr sucht als Fitness, Leistung, Sauerstoff, Sonnenbräune und einen Drink an der Bar des Berghotels.
Aus der Begegnung mit vielen Menschen auf Klettersteigen und in Eisbrüchen, auf Wanderwegen und auf der Bank vor der Hütte habe ich die Überzeugung gewonnen, daß heute viele auf der Suche nach diesem inneren Reichtum der Berge sind.
Mit besonderer Dankbarkeit erinnere ich mich an jene Menschen, die mich auf den vielen Bergfahrten begleitet haben: Dr. Paul Ladurner, Ossi Wörle, Anton und Georg Hechl, Ali Steinberger und viele andere.
Wenn die Gedanken dieses Buches da und dort beim Leser verwandte Saiten und Sehnsüchte zum Klingen bringen, haben sie ihren einzigen Zweck erfüllt.

† Reinhold Stecher
Bischof von Innsbruck

Die schweigenden Berge

Es ist eine der liebenswertesten Eigenschaften meiner Heimatstadt, daß sie viele, schnelle Fluchtwege in die Stille hat. Wenn ich für ein paar Stunden dem Lärm entrinne und von irgendeinem Zacken der Nordkette ins Häusermeer von Innsbruck hinunterschaue, dann kommt mir zum Bewußtsein, wie laut die Welt ist, die wir uns gebaut haben. Alles ist laut: Motoren, Maschinen, Sirenen, Autobahnen, Flugzeuge. Wir strapazieren dauernd unsere Organe und Sinne, die ja eigentlich für verhaltenere Töne gebaut wären. Wir machen das Dasein zur Diskothek. Unser Feldzeichen ist der Verstärker. Dabei betrifft das Lautsein nicht nur die Welt des Akustischen. Auch Farben können laut sein, Scheinwerfer, Neonröhren, Schlagzeilen, ja sogar der vermarktete Sex unserer Tage ist zu laut.
Selbst wenn man zweitausend Meter darüber ist, dröhnt dumpf der Lärm der Stadt herauf. Aber wenn ich dann nur ein paar Meter auf die Nordseite hinüberwechsle und in die Ketten und Kare, die Wannen und Wände des Karwendels horche, weht mich die Stille an. Geräusche werden zur seltenen Kostbarkeit: ein rollender Stein, den eine querende Gemse losgetreten hat, der Schrei einer Dohle, das Bähen eines Bergschafes am Steilhang.
Man könnte sich vorstellen, daß diese gewaltige, stille Welt für manche Menschen heute im ersten Augenblick belastend ist. Wir sind zu sehr die Flucht in den Lärm gewohnt, damit wir nicht zu uns kommen und ja nichts aufbrechen kann, was da verdrängt und ungelöst sich tief in der Seele duckt. Aber dieses majestätische Schweigen ist doch die erste Therapie, die die Berge für uns gehetzte, verwirrte, abgelenkte und oberflächliche Menschen bereit halten. Wer die Botschaft der Berge hören will, muß sich auf diese Therapie einlassen.
Wahrscheinlich ist das erzieherische Tun der Menschheit noch nie so wortreich gewesen wie heute. Aber alle unsere Reflexionen und Verbalisierungskünste, unser Reden und Schreiben, Vervielfältigen und Ausstrahlen über die

Medien – der ganze lärmende Aufwand kann nicht darüber hinwegtäuschen, daß das eigentliche Ziel aller Pädagogik sehr oft nicht getroffen wird: das Herz. Große Erzieher können sehr stille Menschen sein.
Die Berge sind schweigende Lehrer. Sie diskutieren, argumentieren und überreden nicht. Sie drängen sich nicht mit penetranter Rhetorik in unser Bewußtsein. Sie wahren – auch heute noch – weite Räume der Stille. Ich habe schon sehr fröhliche, junge Menschen erlebt, die beim Mondnacht-Aufstieg über einen weiten Gletscher so still geworden sind, wie man vielleicht verstummt, wenn man von einer lauten Straße her plötzlich in die Gewölbe eines alten Kreuzgangs tritt. Und darum ist die erste Botschaft der Berge ihre Stille. Der Teppich des Schweigens muß ausgerollt werden, damit die Ehrfurcht Einzug halten kann.

Die ruhenden Berge

Wir leben schnell. Unser tägliches Spiel heißt „dalli, dalli". Wir haben unzählige Maschinen erfunden, die schneller laufen, arbeiten, kombinieren, speichern, bauen, bewegen und kontrollieren, als wir es je könnten. Und nun laufen wir atemlos dem Tempo unserer Maschinen nach. Technischer Fortschritt, Mobilität und Dynamik halten uns ständig auf Trab. Am Rand unseres Alltags steht alle Augenblicke ein Termin wie ein ungeduldiger Verkehrspolizist und winkt uns zu: „Weiter, weiter . . .!" Der Langsamere ist ein Störenfried, ein untüchtiger Träumer, ein Sicherheitsrisiko. In diesem Karussell des Lebens kommen wir kaum mehr an die Nabe der Zeit, an die innerste Achse, wo man langsamer kreisen könnte – nein, wir werden an die Peripherie hinausgeschleudert, wo alles in rasendem Tanz vorbeihuscht. Die Ereignisse blitzen nur kurz auf wie die Randsteinreflektoren bei schneller

Nachtfahrt. Verhaltensforscher haben vom „Momentanismus“ des modernen Menschen gesprochen. Wir sind Menschen des Augenblicks geworden, bedacht auf seinen Nutzen und Vorteil, fasziniert von seiner Lust, bestimmt von seiner Mode, mit wenig Sinn für den Blick auf große Ziele und wenig Verbundenheit mit dem kostbaren Erbe von gestern, einem verminderten Gespür für das zeitlos Gültige und einem tiefen Mißtrauen gegenüber der Zukunft.

Die Berge aber ruhen über dieser unstet treibenden Welt. Ihre Konturen sind immer dieselben geblieben – für den Steinzeitjäger, den römischen Legionär, den Pilger des Hochmittelalters und Herrn Schultze mit Familie auf dem Campingplatz.

Zuckerhütl, Ortler und Glockner grüßen mich heute noch so, wie sie mich als Kind gegrüßt haben. Und wenn sie die zehnte Generation nach uns grüßen werden, wird vieles anders sein, aber die Berge werden keine Miene verzogen haben. Die Uhren der Versteinerungen in ihrem Innern ticken nicht in Sekunden, sondern in Jahrtausenden. Die Blumen der Bergkristalle brauchen Weltzeitalter zum Erblühen.

„Was willst du, aufgeregter, wichtigtuerischer Mensch des 20. Jahrhunderts?“ fragt der Berg. „Der Bach, an dem du vorbeigehst, hat seine Schlucht in Jahrmillionen gegraben. Der Stein, über den du stolperst, hat Eiszeiten und Kreidemeere gesehen. Die Wand, die über dir aufragt, ist tausendmal älter als die Menschheit . . .“

Der Berg holt in die Ruhe. Vielleicht schon damit, daß er uns ein wenig in die natürlichen Rhythmen des Lebens zurückzwingt. Das gilt zunächst von jenem Lebensvorgang, der einen so tiefen Bezug zum Seelischen hat, daß er in manchen alten Kultursprachen mit „Seele“ gleichgesetzt wurde – dem *Atem*. Wir sind doch kurzatmig geworden wie hechelnde Jagdhunde. Bergsteiger kehren zur natürlichen Tiefenatmung zurück.

Der Berg holt in die Ruhe. Beim Wandern am Berg tauchen die Umrisse langsam auf, verschieben sich allmählich Kulissen und Horizonte, ganz an-

ders als beim Blick aus dem Auto oder dem Schnellzug. Der Berg zwingt uns zum Gesetz der bedächtigen Schritte, der geduldigen Serpentinen, des Überlegens von Griff und Tritt. Bei ihm gilt wieder der vergessene Rhythmus von Tag und Nacht, Sonne und Mond und wanderndem Sternbild. Ein wenig erlöst er uns aus der Diktatur der Motoren und Gashebel, der Elektronik und der Terminkalender und der vielen anderen unheimlichen Einpeitscher und Beschleuniger unseres Daseins.
Am Berg verstehen wir den alten Indianer, der bei seiner ersten Autofahrt nach einer Stunde aussteigen wollte und sich an den Straßenrand setzte: „Was willst du", fragten ihn die anderen, „ist dir schlecht?" – „Nein", hat er gesagt, „ich muß nur warten, bis mein Herz nachkommt . . ."
Auf den Bergen kann das Herz nachkommen. Dort, wo der Hochwald zum erstenmal den Blick freigibt, bei der Rast am Bergsee, beim Blick auf die ziehenden Talnebel oder die Spiele der Wolken. Ein kleines Stück vom zeitlos souveränen Gehabe der Berge kann auf uns übergehen. Bei ihnen lernen die Kinder der Hast die kostbare Kunst des Verweilens . . .

Die widerhallenden Berge

Schon als Kinder empfanden wir es als faszinierend, in die Felswände hineinzurufen und auf das Echo zu warten. Und auch heute noch ist für den Bergwanderer der Widerhall wie ein majestätischer musikalischer Gruß der Höhen, wenn ein Donner oder ein Steinschlag, eine Staublawine oder der Ruf eines Menschen von Wandflucht zu Wandflucht rollt, über die Kare quert und sich im Talkessel vervielfacht. Wir sind ja die Welt des Widerhalls nicht gewöhnt.
Unsere zivilisierte Welt ist weitgehend echolos. Echos erzeugt man höchstens

künstlich in den Tonstudios der Rundfunkstationen. Aber unsere Straßenschluchten und Häuserblocks haben fast kein Echo. In diesen Bereichen wird alles vom undefinierbaren, sich überschlagenden Lärm verschluckt. Zwischen Einkaufszentren und Hochhäusern, Parkplätzen und Fabrikshallen gibt es keinen Ton, dem man nachhorchen und nachlauschen könnte.

Es ist aber nicht nur unsere äußere Welt stumpf und resonanzarm geworden, es gilt das auch in gewisser Hinsicht für die Landschaft unserer Seele. Bei dem Lebensstil, dem wir unterworfen sind, kann vieles nicht mehr ausschwingen, nachhallen, wiederkommen. Die Erlebnisse werden von den sich überstürzenden Eindrücken geschluckt und verdrängt. Vieles muß an der Oberfläche der Seele abgleiten – zum Eindringen bleibt gar keine Zeit. Und die Erlebnispsychologie weiß schon lang, daß tiefes Erleben den Faktor T, Tempus, Zeit, braucht. Wir multiplizieren zwar unsere Erlebnisse, weil Technik und Wohlstand uns die Multiplikation gestatten oder aufzwingen. Aber die Überfülle der Reize und Sensationen verhindert die Tiefe des Eindrucks, macht das Echo-Erlebnis in der Seele unmöglich. Es hat eben keiner noch am Wasserfall seine Feldflasche gefüllt, sondern nur am kleineren, sanfter rieselnden Quell. Und so kann es sein, daß gerade jene Epoche der Menschheit, in der man sich am meisten Genüsse, Sensationen und Erlebnismöglichkeiten schuf, wahrscheinlich die meisten erlebnisimpotenten Menschen hervorgebracht hat. Wir leiden nicht nur an der Umweltzerstörung, sondern noch tiefgründiger an der Innenweltverarmung.

Die Berge sind eine Schule gesunden Erlebens. Sie schenken Erfahrungen mit Widerhall, Eindrücke, die nicht vorbeihuschen in rasenden Bildfolgen, sondern in ruhigen Rhythmen auf uns zukommen wie sich weitende Blicke, aufsteigende Sonnen und verdämmernde Abende, stundenlange Spannung und Erwartung und eine ruhig auskostende Freude.

Und diese Erlebnisse beginnen in der Seele auszuschwingen wie ein großes Echo. Mancher Bergwanderer weiß, daß solches Echo über Jahre hallen kann bis hinein in die Erinnerungen, die das Alter erfreuen.

Die berauschenden Berge

In der Menschheit gab es immer schon eine unterschwellige, manchmal elementar hervorbrechende Sehnsucht nach dem rauschhaften Erlebnis, nach dem Hinreißenden, nach einem ekstatischen Außer-sich-Sein. Diese Sehnsucht des Menschen reicht von den Trommeln der Schamanen bis zu den tanzenden Derwischen, vom Karneval in Rio bis zum hinreißenden Konzert des großen Orchesters. Es mag nach Völkern und Kulturen etwas verschieden sein, vielleicht auch nach dem Lebensalter. Der junge Mensch ist auf eine erlebnisintensive Begegnung mit dem Dasein mehr angewiesen als der Erwachsene, der sein Leben schon stärker aus den festgefügten Bahnen der Überzeugungen, Pflichten und nüchternen Notwendigkeiten lebt.
Unsere Welt bietet neben gesunden rauschhaften Erlebnissen für den jungen Menschen eine ganze Reihe zweifelhafter Ekstasen:
den Rausch der aufheulenden Motoren und die Jagd über Landstraßen; den Rausch der Lichter und Töne in irgendeinem Schuppen, in dem Gefühle hochgepumpt werden; den Rausch der heißen Rhythmen und der grellen Farbblitze, der gekeuchten und gestöhnten Texte, die niemand mehr versteht; den Rausch der Gewalt und die Faszination der Macht in irgendeiner angsteinflößenden Lederwestenschlagringbande; den Rausch der Menge im brüllenden Stadion; den Rausch des Alkohols und der Droge . . .
Und wenn gar nicht wenige den Versuchungen dieser trügerischen Räusche erliegen, dann verbirgt sich dahinter doch ein elementares Bedürfnis, ein verzweifeltes Sich-Aufbäumen gegen ein fadisiertes Dasein oder eine drückende Vereinsamung, eine sinnlose Leere oder einen zu erlebnisarmen Alltag.
Die Berge halten edlere Räusche bereit:
den Aufstieg durch den Bruch in der Sternennacht; das Farbenspiel des Morgens über den erstarrten Schaumkronen des Gletscherkamms; die mühelosen Schwünge im Frühjahrsfirn; die luftige Gratkletterei über dem Nebelmeer; die ausgelassen fröhliche Rast der Seilschaft auf dem Gipfel; das

Abendlied der Gletscherbäche und Rinnsale im weiten Talschluß. Wer diese Räusche gekostet hat, braucht weder Heroin noch Marihuana.
Und eines haben die edlen Räusche den gefährlichen voraus: Diese hinterlassen einen Kater, jene aber eine strahlende Erinnerung, die nur beschwingt, aber nicht belastet – einen wunderbaren Schatz für graue Tage . . .

Die wärmenden Berge

Zu bestimmten Jahreszeiten gibt es im Gebirge das Phänomen des Kältesees. Da kann es sein, daß man im Tal unter einer Nebelschicht fröstelt und droben bei strahlender Sonne die Schwünge über Firnhänge in Hemdsärmeln machen kann . . .
Es gibt in den Niederungen unserer Welt heute auch einen Kältesee anderer Art, der sich dort ausbreitet, wo immer mehr Menschen auf engem Raum zusammengeballt leben müssen, einen Kältesee, von dem die Psychologen, Sozialhelfer und Seelsorger unserer Zeit sehr wohl wissen: dem Kältesee der Vereinsamung und Isolation. In diesem kühlen Klima verkümmern, frösteln Anteilnahme, Einfühlung, Begegnung, Hilfsbereitschaft und Gemeinsinn. Dieser kalte Nebel legt sich über Stadtviertel und Hochhäuser. Man lebt in Anonymität aneinander vorbei.
Es wäre natürlich vermessen zu behaupten, die Berge seien einfach die heile Welt, in der alles besser würde. Wenn einige Tausend sich auf dem Gletscher tummeln, ist Masse und Anonymität genauso gegeben. Aber dieses Buch wendet sich ja an die Bergwanderer und Bergsteiger. Wer die Berge auf diese Weise durchzogen hat, weiß es:
Der Berg ist eine Chance menschlicher Begegnung. Auf den Höhen rücken die Menschen zusammen. Schon auf den Pfaden über der Stadt grüßt jeder

jeden, Innsbruck grüßt Wuppertal und Amsterdam grüßt München. Bereits drunten am Parkplatz hört sich das auf. Auf dem Asphalt hasten wir grußlos aneinander vorbei – es wäre auch eine Überforderung.
Gruppen wachsen auf dem Berg zusammen wie sonst kaum wo. Eine alpine Woche wird zu einer Schule des Miteinander und des Füreinander. Da wird Rücksicht auf den Schwächeren gefordert, Geduld mit dem Anfänger, Einfügen in die Kameradschaft, das Teilen des heißen Tees. Der Mastwurf oder Achter, der dich in eine Seilschaft hängt, bringt mehr Verbindung und Gemeinsamkeit als das geschäftige und künstliche Getue vieler Animateure. Und der Berg weckt Hilfsbereitschaft. Es brechen Formen der Kameradschaft auf, die im Alltag des urbanisierten Menschen nicht so leicht gedeihen. Der ganze Bergrettungsdienst unseres Landes lebt letztlich von freiwilligem Idealismus. Und dieser Trend zum Zueinander, Miteinander und Füreinander ist Gottes ewiges Programm. Ist es ein Zufall, daß das Lied vom barmherzigen Samaritan zum ersten Mal in der einsamen Bergwüste von Juda erklang?

Die fordernden Berge

Berge sind unbequem. Sie legen sich sozusagen quer gegen unsere schaumgummigepolsterte Knopfdruckzivilisation, die wir beim Parkplatz zurücklassen. Wer wirklich das Rendezvous mit dem Berg sucht, kann ihn nicht einfach mit der Seilbahnkarte und einem guten Platz im Panoramacafé überlisten. Es hat sicher auch sein Gutes, wenn man auf mühelose Weise in die Höhe kommen kann, vor allem für jene, denen es sonst überhaupt verwehrt bliebe. Aber trotzdem, wer bei der Bergstation aus der Gondel stolpert, einen schnellen Rundblick macht, das Pflichtfoto schießt und wieder hinunterfährt, hat am Zauber des Berges eigentlich nur geschnuppert.

Wer den Berg richtig erleben will, kommt nicht so billig weg. Wer in die Berge zieht, muß mit einer gewissen Veränderung des Lebensstils vorliebnehmen. Da wird ihm das Traumbett mit dem Matratzenlager vertauscht, der Klubsessel mit dem Biwaksack, das temperierte Schaumbad mit ein paar Handvoll eisigen Bachwassers. Der Berg verlangt, daß du am Morgen manchmal verdrossen aus dem warmen Schlafsack kriechst und ohne große Begeisterung nach den kalten Sternen blinzelst, die noch am Himmel stehen. Er läßt dich über fade Moränenhügel wandern, die höchst uninteressant und sensationsarm sind. Er will dich keuchen hören, er läßt dich müde werden, und es macht ihm gar nichts aus, wenn du immer wieder hinter dem nächsten Aufschwung das Ende erwartest – und doch nichts draus wird. Er läßt es zu, daß dir am Gipfel die Wolkenschleier alle Postkartenträume ausradieren. Manchmal schickt er dich unverrichteter Dinge nach Hause – und in deinen Schuhen gluckst das Wasser. Der Berg liefert unter Umständen zur Abendstimmung Blasen an den Füßen und zum Sonnenaufgang einen Muskelkater. Er fordert Schweiß und hält nichts von den vornehmen Deodorants. Er hängt dir den guten alten Rucksack um, bei dem man sich so genau überlegen muß, was man einpackt (ganz anders als beim Kofferraum im Auto). Er kümmert sich mit seinen Wetterlaunen einen Deut um deine Wünsche und Pläne. Das Leben in den Bergen ist zwar nicht immer so rauh, aber für ein paar Tage und Wochen holt uns der Berg doch zurück ins einfache Leben – und das ist gut. Wir haben ja zuviel Genüsse zum Nulltarif – und gerade das entwertet sie. Wir reisen mit einem Knopfdruck in fremde Länder, reiten ein paar Minuten später im Wilden Westen mit oder bestaunen die Wunder der Tiefsee. Wir holen uns Mozart und Beethoven ins Zimmer. Ein kleiner Handgriff bringt den fahrbaren Untersatz in Bewegung, ein lässiges Tippen an der Liftleiste entführt uns in Windeseile in den zehnten Stock, und dasselbe Minimum an Kraft holt die Jause aus dem Automaten. Das alles braucht kein Mühen, Schleppen, Bangen, Hoffen, Warten. Und gerade darum wird alles so langweilig.
Der Berg holt von dem allen unberührt ein wenig nach, was diese Wohl-

standswelt in unserer Formung versäumt: Er verhilft uns zu etwas Frustrationstoleranz, also einfach zur Fähigkeit, im Augenblick auf etwas Angenehmes zu verzichten, weil ein größeres Ziel winkt. Beim Gang in die Berge beginnt eine kleine Einübung in das gesunde Lebensgesetz des Verzichts und des Opfers.
Der Berg ist unbequem. Auch mit dieser Eigenschaft rückt er in die Nähe Gottes. Der Gott der Wahrheit war immer unbequem. Wir Menschen versuchen zwar manchmal, uns einen „lieben Gott zum Nulltarif" zu basteln, der kostenloses Seelenservice bietet. Aber damit betrügen wir uns selbst. Der Gott der Bibel kennt keinen Nulltarif . . .

Die gefährlichen Berge

So sehr der Berg lockt – es geht von ihm auch ein Drohen aus. Und er will in dieser Geste verstanden sein. Der Berg ist kein Spielzeug. Er birgt auch Gefahren: die Gefahr der lawinenschwangeren Wächte, der Route, mit der man sich überfordert, der nassen Steilwiese, des jähen Absturzes, des brüchigen Felsens, des vereisten Steiges, des sich neigenden Turms im Gletscherbruch, der verdeckten Spalte, der Anzeichen des Wettersturzes.
Wer in die Berge geht, kann nicht jeder Gefahr ausweichen. Wer kann das überhaupt im Leben? Aber da wir aus unserem Alltag für die Gefahren der Natur doch eine gewisse Instinktlosigkeit mitbringen, muß man sicher lernen, Gefahren zu erkennen und mit ihnen umzugehen. Der Bergsteiger muß wieder ein Stück jener Witterung bekommen, mit der der Mensch jahrmillionenlang durch die gefährliche Natur gezogen ist. Die Massen der Skifahrer, die in Minutenschnelle auf den Gletscher gebracht werden und sich dort fröhlich tummeln, haben von den Gefahren des Eises unter ihnen keine

Ahnung. Und doch beginnt diese Gefahr gleich jenseits der roten Fähnchen der Pistenabgrenzung. Dieser Umgang mit der Gefahr gehört zur Schule der Berge. Und wer hier Können und Erfahrung erworben hat, für den ist der Berg auch nicht gefährlicher als die Anfahrt auf der Autobahn für einen geübten Lenker.

Aber es gibt etwas, das vor aller Schulung in Eis und Fels, vor der Routine im Umgang mit Seil und Haken, Karabiner und Steigeisen da sein muß: eine gesunde *Wertordnung.*

Die Berge werden dem ihren Reichtum nicht erschließen können, der in ihnen nur das frivole Spiel mit der Gefahr sucht, das Hasardieren mit dem eigenen Leben und dem Leben anderer, die neurotische Selbstbestätigung in sinnlosem Risiko. Wer Gipfelsiege über Gesundheit, Familie, Lebensaufgabe, Kameradschaft und Beruf stellt, dem fehlt das eigentliche Fundament für die Entfaltung eines echten Verantwortungsbewußtseins. Er hat die Grenze des menschlich gesunden Umgangs mit der Gefahr überschritten. Er hat es verlernt, die Werte zu wägen, und macht das Bezwingen des Berges zum Maß aller Dinge im Leben.

Manchmal gibt es derartige irrationale Verhaltensweisen. Vielleicht provoziert unsere mit tausend Sicherungen ausgestattete, wagnisfremde Zivilisation solch wilde Ausbrüche des Todestriebes, heroisch garnierte Nihilismen. Sie verzerren den echten Mut und die echte Kühnheit, die nicht in Mißkredit gebracht werden sollen. Die Grenze des gesunden Wagens ist für die einzelnen sehr verschieden. Da ist für den einen hohe Sicherheit gegeben, wo für den anderen ernste Lebensgefahr lauert.

Aber ich habe viele hervorragende Bergsteiger und Bergführer kennengelernt, die über hohes Können und ein volles Tourenbuch verfügten, die aber doch keine Tourenbuchfetischisten waren und die die ihnen anvertrauten Menschen immer mehr geliebt haben als Wände und Gipfel, Tiefschneeträume und stolze Leistungen.

Die Dohle

Die munteren, schwarzen Meistersegler sind die Gesellen so mancher Gipfelrast. Mit einer Mischung von akrobatischer Eleganz und selbstsicherer Dreistigkeit bringen sie Leben in die versteinerte Einsamkeit. Aber im Augenblick erinnert mich das Bild der Bergdohle an ein eigenartiges Psalmwort:
„Wie könnt ihr nur zu meiner Seele sagen: Flieh wie ein Vogel in die Berge . . .?“
Gibt es eine *Flucht* in die Berge? Könnten sie auch zum heimlichen Vorwand werden, zur Ausweiche vor wesentlicheren Lebensaufgaben, zur Desertion vor der Last des Alltags, vor Pflicht und Verantwortung? Diese Versuchung gibt es. Und vor dieser Art des Flüchtens in den Alpinismus müßte man sich hüten. Es ist etwas ganz anderes, wenn man durchatmen, zu sich kommen oder Distanz gewinnen will. Aber wer in die Berge als Aussteiger geht, der sich eigentlich dem Leben nicht stellen will, den Anforderungen von Familie, Beruf oder sozialen Verpflichtungen – der würde sich im Tiefsten doch eine Haltung gestatten, die dem Bergsteiger fremd sein müßte: die Feigheit.
Dabei kann man die Flucht in die Berge heroisch tarnen: als Gang ins große Abenteuer, als todesverachtende Kühnheit, als selbstvergessene Kameradschaft. Aber es gibt vielleicht trotz all dieser heldischen Tünche sichere Anzeichen der Flucht: eine vereinsamte Frau zu Hause, die Wochenende für Wochenende, das ganze Jahr hindurch, Alleinunterhalterin spielt; Kinder, für die keine Zeit ist oder die erst interessant sind, wenn sie hinter dem Vater stolze Schwünge durch den Firn ziehen oder hinterherkraxeln können – eine berufliche Halbheit oder Untüchtigkeit, mit fixiertem Blick auf den Freitagnachmittag, weil dort erst das Leben anfängt . . . Wenn diese Erscheinungen mit der Bergbegeisterung kombiniert wären, dann müßte ich mit meinem Hymnus auf die Berge innehalten. Ich will ja zugeben, daß in mancher Lebenslage oder Krise die Flucht in die Berge verständlich ist – als Episode. Aber die Flucht als Dauerzustand – wenn diese Gefahr aufkäme, dann müßten

wir uns an das alte Wort erinnern: Wie könnt ihr nur zu meiner Seele sagen: Flieh wie ein Vogel in die Berge . . .
Übrigens – die Dohlen sind keine Flüchtlinge. Wenn sie im Sommer auf der Nordkette ihre einträgliche Show vor den fütternden Fremden abgezogen haben und die Tage kühler werden, kommen sie herunter in die Stadt, kreisen und kreischen um Dom und Dächer und stellen sich hier wie dort als gesunde Realisten dem Kampf ums Leben . . .

Die gefährdeten Berge

Wenn ich in diesem Buch ein wenig versuche, den Lobpreis der Berge zu singen, gerate ich unversehens in eine Verlegenheit, die auch das Dilemma meiner Heimat widerspiegelt.
Der Lobgesang auf die Berge ist ja eine versteckte Einladung, eine indirekte Aufforderung „Komm!“, ein Gruß an gegenwärtige und zukünftige Gäste. Man wird mir wohl glauben, daß ich keine kommerziellen Hintergedanken habe, so wichtig auch der Fremdenverkehr für das Land im Gebirge ist. Es geht mir wirklich um die Entfaltung der Beziehung Berg–Mensch, von der ich glaube, daß sie eine Hilfe für das Humanum, das Menschsein und das Menschwerden bieten kann.
Aber dieses einladende „Komm!“ reißt ein anderes Problem auf. Je mehr kommen, umso gefährdeter wird dieses schöne Stück Erde. Denn die vielen, die kommen, brauchen Straßen, Parkplätze, zeitgemäße Unterkünfte, Aufstiegshilfen, Wasser, Energie, Infrastrukturen . . . Und das alles wird wieder zu einer gewissen Belastung für die Umwelt, jener Umwelt, der man doch gerade in den Bergen in ihrer Ursprünglichkeit und Unversehrtheit begegnen möchte.

Aber auch wenn das, was man notwendige Erschließung nennt, in unserem Land weitum an die Grenze kommt, so brauche ich doch die versteckte Einladung dieses Buches für viele, viele Menschen nicht zurückzunehmen.
Die Berge sagen noch zu vielen Tausenden „Komm!“.
Sie sagen es zu allen, die diese Natur als Geschenk betrachten, das dem Menschen anvertraut ist, nicht als Besitz, mit dem man tun kann, was man will.
Sie sagen es zu denen, die die Schönheit der Welt als Leihgabe sehen, als etwas, das man behutsam wie eine Stafette an die nächste Generation weitergeben muß.
Die Berge sagen „Komm!“ zu allen, die nicht unbedingt Ferien im Stil von Acapulco und Cannes machen wollen, sondern die die leiseren Sensationen der Höhen suchen und ihren Fuß auf die Spur des Schöpfers setzen.
Sie sagen „Komm!“ zu dem, den die Bierdose im Geröll unterm Gipfel, der Plastiksack in der Almrosenstaude und das plärrende Transistorgerät am Rastplatz über dem Tal stört.
Die Berge sagen ihr freundliches „Komm!“ zu allen, die eine Landschaft erleben und erwandern wollen und nicht einfach nach Kurzvisite im Reiseführer abhaken.
Die Berge sagen ihr „Komm!“ zu jedem, für den eine Bergblume, die sich im Winde wiegt, ein Wunder ist.

Die strahlenden Berge

Der Morgen des Alltags, wie wir ihn erleben, hat ein ernüchterndes Ritual. Weder das Piepsen des Weckers, der uns aus dem Schlaf reißt, noch der lässige Schlag, mit dem wir ihn zum Schweigen bringen, trägt festlichen Charakter.

Und dann folgen alle die Prozeduren, die uns in die Verpflichtungen hineingeleiten, manchmal auch in eine Tretmühle. So ist das Leben.
Aber darum lohnt es sich, einmal eine Nacht durchzuwandern und noch im Dunkeln ein wenig fröstelnd auf einem Gipfel zu kauern mit zusätzlichem Pullover und Anorak und auf das zu warten, was die Schöpfung mit dem Morgen meint. Das Faszinierende ist der große Eroberungszug des Lichts. Der erste Schimmer im Osten, der den Orion verblassen läßt, die steigende Helle, die dann plötzlich die höchsten Ketten streift, auf den Gletschern rosarote Teppiche ausbreitet und auf den Firngraten Feuer anzündet. Und dann das langsame Hinuntergleiten des Lichts in die grünen Steilhänge, die Almböden und die Hochwälder . . . Solche Morgenstunden gehören zum Schönsten, was man von einem Urlaub nach Hause tragen kann.
Eigentlich möchte man vielen Mitmenschen in unseren Tagen dieses Bild der siegreichen Sonne, die das Dunkel auflöst, in die Seele wünschen.
Denn in den Tälern unserer Gesellschaft gibt es viel Dunkel. Auch wenn man kein Pessimist ist, muß man zur Kenntnis nehmen: Es gibt die Depression, die Verdunkelung des Lebensgefühls, als Zeiterscheinung, als Krankheit der Epoche. Ich habe noch die Klage eines hervorragenden Psychotherapeuten, eines wahren Helfers der Menschen, in den Ohren. Es gibt Depression als Einzelschicksal, und das eher in steigenden Zahlen. Es gibt aber auch so etwas wie eine Lust am Negativen in der Gesellschaft, ein Übergewicht des Belastenden in unseren Informationen bis hinein in die Kulturszene.
Und dabei haben wir die Epoche des höchsten Wohlstands und der höchsten Freiheiten in der Geschichte unserer Völker durchschritten. Es war doch so etwas wie eine prophetische Begrüßung dieser goldenen Jahrzehnte, als damals der französische Roman mit dem Titel erschien: „Bonjour, tristesse" – „Guten Tag, Traurigkeit". Die Tristesse wurde zur ständigen Begleiterin eines Zeitalters, das auszog, um das größte Glück zu erobern.
Es mag viele Gründe für diese Schatten in den Tälern geben – mangelnde Erfahrung von Zuwendung, Langeweile, Überdruß, Leere, Sinnverlust, ver-

drängtes Gewissen, ungelöste Lebensprobleme, falsche Erziehung und Egozentrik. Sei es, wie es wolle: Die Nacht wird für viele schwer und lang.
Ich möchte nun keineswegs behaupten, die Berge seien so etwas wie ein Wunderheilmittel für alle diese Probleme. Sie können aber manchmal hilfreich sein wie eine Art naturgegebener Therapie.
Der Bergmorgen mit dem berauschenden Sieg des Lichts ist einfach ein mitreißendes Bild einer Erde, die trotzdem geliebt wird. Er ist ein immer wieder aufgeführtes Welttheater im Sinne Calderons in einer überwältigenden Inszenierung: Und dieses Drama von Dunkel und Licht singt immer wieder den Sieg der Erlösung. Wer den Morgen schaut, kann nicht ganz mutlos bleiben.

Der Wegweiser

Hie und da ist man froh, wenn der Wegweiser aus dem Nebel auftaucht. Schließlich kann ein Irrweg den ganzen Tag vermasseln, und den angestrebten Gipfel kann man dann vergessen, weil die Zeit nicht mehr reicht.
Niemand stellt an einen Wegweiser große Anforderungen. Er muß nicht schön sein. Er braucht keine künstlerische Gestaltung aufzuweisen. Er muß nur den erwarteten Dienst erfüllen. Dazu muß er allerdings einige Eigenschaften haben: Er muß stimmen und er muß leserlich sein; und schließlich verlangt es seine Aufgabe, daß er am Rande steht, nicht mitten auf dem Weg.
Es ist auch auf unseren Lebenswegen so, daß wir hie und da Menschen brauchen, die eine Wegweiserfunktion ausüben. Menschen, um die wir froh sind, wenn sie beruhigend und klärend aus dem Nebel auftauchen, der über uns fällt. Und recht bedacht, gelten für diese Menschen dieselben Erwartungen wie für die Wegweiser in den Bergen.

Sie müssen zunächst *stimmen,* will sagen – fest und gerade in ihrer Überzeugung stehen und dorthin weisen, wo das Ziel ist. Schiefe Wegweiser zeigen entweder hinauf in die Illusion oder hinunter in die Plattheit. Wegweisende Menschen müssen stimmen, das heißt in beruhigender Weise Wahrheit und Richtung ausstrahlen, echte Ziele anweisen, die an der Wirklichkeit orientiert sind. Gott bewahre uns vor Utopisten, Phantasten und manipulierenden Spekulanten, die sich als Wegweiser ausgeben.
Und Wegweiser müssen *leserlich* sein. In dieser Hinsicht hapert es manchmal im geistigen Weg- und Straßennetz unserer Tage. Es gibt ziemlich viele unleserliche Wegweiser, da und dort im wahrsten Sinn des Wortes, wenn ich meine Bücherborde überblicke. Mag sein, daß sie gerade stehen, daß sie die Wahrheit sagen – aber die Inschrift ist nicht zu entziffern, ihre Weisung und Botschaft ist zu intellektuell und kompliziert, ihre Sprache ist bildarm, farblos und abstrakt. Oft kann der orientierungssuchende Wanderer nur kopfschüttelnd im Nebel weitergehen.
Und schließlich sollten Wegweiser *am Rande* stehen, das heißt, sie hätten ihre Rolle in dienender Gesinnung, in einem gewissen Altruismus zu verrichten, wenn sie glaubhaft bleiben wollen. Hinweistafeln, die mitten auf der Straße stehen, sind keine Wegweiser, sondern Hindernisse.
Eigentlich wären die schlichten Wegweiser in den Bergen ein Anlaß zur Gewissenserforschung dieser anderen Wegweiser in den Tälern der Menschen: der Eltern, Erzieher, Lehrer, Künstler, Gelehrten und Priester . . .

Der Fels

Auch wenn ich keine Erfahrung in extremen Routen besitze und nur ein Bergsteiger wie viele andere bin, so weiß ich doch, was eine Genußkletterei

ist. Sie hat neben der Schönheit der Führe und der Sicht eine wichtige Voraussetzung: den festen, griffigen Fels.

Der Fels ladet zum Nachdenken ein. Er ist zunächst schön. Er spielt in tausend Formen, Schattierungen und Farben. Wenn neben ihm eine Betonmauer aufgeführt wird, offenbart er die ganze Lebendigkeit seines Wesens. Ein junger Künstler hat mir einmal Zeichnungen vorgelegt, auf denen nichts zu sehen war als ein Stück Fels. Die feinen Striche haben ein schlichtes Stück Schöpfung wunderbar eingefangen.

Der Fels ist zugleich abweisend und anziehend. Er hat sozusagen ein „Tremendum", vor dem man zurückweicht und zittert, und ein „Faszinosum", das lockt und einlädt. Der Fels schenkt dieser unserer Erde die Dimension des Ragenden und Himmelstürmenden, aber auch des Trotzenden und Bleibenden. Der heilige Franziskus hätte sicher „Bruder Fels" zu ihm gesagt.

Da der Fels Festigkeit, Verläßlichkeit und sicheren Halt ausstrahlt, ist er zu einem Archetyp, einem Urbild der Menschheit geworden, sogar zu einem Symbol des Unendlichen. Dutzende Male sagt die Heilige Schrift: Gott ist mein Fels.

Wir brauchen das Erlebnis „Fels" in unserem Leben. Wir brauchen den Felsen gültiger Wahrheit, der nicht zerbröselt und zerbricht, und wir brauchen den festen Griff der Überzeugung, mit dem wir uns an dieser Wahrheit festhalten. Das ist für das eigene Weiterkommen nötig, es wird aber besonders wichtig, wenn man andere sichern will. Dann braucht es eben festen Stand im gewachsenen Felsen und gutsitzende Haken, die im harten Stein unter dem Hammer singen, damit der andere, der im gefährlichen Gelände nachkommt, beruhigt sein kann.

Wir brauchen alle äußeren und inneren Halt. Unsere Gesellschaft ist ja nicht gerade eine Felsenlandschaft der festen Überzeugungen und gültigen Wahrheiten, sondern eher ein Gelände mit wechselnden Wanderdünen, die sich heute da, morgen dort erheben, wo gerade der Wind des Zeitgeistes den Sand der Mehrheit und die Meinung der vielen zusammenweht.

Wir brauchen aber den Felsen. Und es ist eine Gnade, wenn man ihn auf der Lebensroute zu greifen bekommt. Dieses Gefühl des letzten Sich-Verlassen-Könnens kann sogar bewirken, daß der mühsame Aufstieg hie und da zur Genußkletterei wird . . .

Die mahnenden Berge

Können Bergerlebnisse auch bedrückend sein? Es ist leider so, und die Trauer betrifft das, was der Mensch in den Bergen getan hat. Wenn ich über die bleiche Karstplatte des Pasubio wandere oder den Grat zwischen Monte Sief und Col di Lana überschreite, oder wenn ich vor dem Postenstand am Monte Piano raste oder aus einer Geschützkaverne am Sass di Stria luge, aus der einmal der tausendfache Tod hinausgebrüllt hat, oder wenn ich in einer Schlucht der Tofana auf Stacheldrahtreste stoße – dann vergeht mir die Poesie der Berge. Dann wird der unbeschwerte Anblick der Schönheit jäh getrübt, und die alten schönen Märchen von Zwergen und saligen Fräulein verblassen, und die blutigen Schrecken dieses Jahrhunderts stehen auf und mit ihnen die Erinnerung an Hekatomben von Toten.
Ich kann es ihnen als ehemaliger kleiner Frontsoldat nachfühlen, wie bedrükkend der Aufstieg in diese Höhen für sie alle gewesen sein muß: für den Alpino Oreste Donati aus Vicenza, den Standschützen Sepp Gruber aus dem Pustertal, den Kanonier Helmut Götze aus Kassel, den Gefreiten Wenzel Kohoucek aus Böhmen und den Kriegsgefangenen Alexej aus der Ukraine, den die Lawine hinuntergerissen hat. Jetzt ruhen ihre Gebeine beisammen drüben im Ossarium am Pordoi, diesem düsteren Archiv des Wahnsinns.
Jede heroische Ästhetisierung verbietet sich. Noch immer ragen die Wände über den Sprengtrichtern und verfallenen Schützengräben wie eine steinge-

wordende Entrüstung der Schöpfung über die Irrsale der Menschen auf. Selbst die Grasnarbe, die sich inzwischen mildernd über die Wunden des Geländes gelegt hat, und die rosaroten Bergnelken, die vor den dunklen Schießscharten des ehemaligen Maschinengewehrstandes mit Wind und Sonne spielen, sind nur ein schwacher Trost.

Wenn da von Trost die Rede sein soll, dann kann ich mich nur an ein kleines Erlebnis auf dem Gipfel des Lagazuoi klammern: Dort saß eine italienische und eine österreichische Jugendgruppe. Und es kam ein unbeschwertes Singen auf. Und an derselben Stelle, wo sich ihre Großväter mit Minen, Rollbomben, Scharfschützengewehren, Handgranaten und dem ganzen Teufelszeug des Krieges auf Leben und Tod bekämpft hatten, sangen die Enkel, unbeeindruckt von den Lasten der Geschichte und unter gegenseitigem Beifall, die „Montanara“ und „Wenn wir erklimmen“ . . .

Der Helm

Im ersten Augenblick macht der Kletterhelm einen etwas übertrieben-martialischen Eindruck, aber wenn dann tatsächlich einmal die Grüße von oben vorbeisingen, gewinnt er zusehends an Sinnhaftigkeit, und spätestens von dem Zeitpunkt an, an dem ein Stein von ihm wegspringt, streichelt man dankbar und liebevoll über die beschädigte Stelle. Und darum ist der Helm ein naheliegendes Symbol für ein größeres Behütetsein. Der Helm steht für *Gottvertrauen.*

Ich ahne hier Mißverständnisse – und darum möchte ich ihnen gleich entgegentreten. Mit Gottvertrauen meine ich weder eine Talisman-Magie noch ein Toi-toi-toi-Ritual noch eine abstruse Gläubigkeit in eine Hals-und-Beinbruch-Beschwörung. Und ebensowenig sehe ich im Gottvertrauen eine Art frommen Ersatzes für alpine Dummheit, bodenlosen Leichtsinn, schlechte Ausrüstung, mangelnde Kondition, falschgeknüpfte Knoten oder vergessene Steigeisen. Es ist auch kein Alibi für verwegene Spiele im lawinenschwangeren Steilhang. Und schließlich besagt Gottvertrauen auch kein himmlisches Versicherungsgeschäft, das laut Polizze alle Unbill von Erdenwanderern fernzuhalten hat.

Jenes Gottvertrauen, das der Helm versinnbildet, sollte weiter und tiefer angelegt sein. Es müßte das Gestern, das Heute und das Morgen, das Leben und den Tod, die Zeit und die Ewigkeit umgreifen. Es müßte in ihm etwas von jenem Urvertrauen mitschwingen, das die Mitte jeder echten Religiosität ist.

Vielleicht wird dieses Vertrauen nur möglich, wenn auch bei uns eine gewisse Korrektur des Gottesbildes erfolgt, wie sie der Prophet Elias auf seinem einsamen Biwak am Berge Horeb erlebt hat: Da heißt es, daß Gott nicht im Sturm zu ihm kam, der die Berge zerriß und die Felsen zerbrach, und daß Er auch nicht im Feuer des Blitzes war, der im Gewitter vor ihm niederfuhr, und nicht im Erdbeben, das die Felsen zittern ließ. Gott kam zu ihm in einem sanften, feinen Säuseln des Windes, das am Eingang der Höhle vorüberzog . . .

Hier ist die Korrektur vom nur-gewaltigen, transzendenten, unbegreiflich fernen Gott zum gütigen, nahen, verstehenden und begleitenden vollzogen. Die meisterhafte Bildsprache der Schrift hat für dieses Gottesbild das feine, milde Säuseln des Windes gewählt. Bergsteiger werden diese Sprache verstehen.

Der heilige Paulus hat natürlich nicht an moderne Kletterausrüstungen gedacht, aber im Sinne des Gesagten wird er sicher nichts dagegen haben, wenn ich beim Einstieg meinen alten, schon etwas ramponierten Kletterhelm aufsetze und dazu das Wort aus dem Epheserbrief flüstere:

„So nehmt den Helm des Heiles . . .“

Der kleine Mensch

Die Berge beginnen mit ihren Erziehungsmaßnahmen schon dann, wenn man sich ihnen nähert. Ich erinnere mich an einige Stellen, die die im folgenden angesprochene Erkenntnis in einer unausweichlich überwältigenden Weise vor Augen führen, und so mancher Leser dieser Zeilen wird noch andere Schauplätze hinzufügen: ein paar mächtige, einsame Talabschlüsse, einige Rastplätze unter Tausend-Meter-Wänden, einen Zeltplatz neben einem riesigen Eisbruch, der in wilden, erstarrten Kaskaden zu Tal stürzt . . .

An solchen Orten erteilen die Berge ihre heilsame Lektion über die Kleinheit des Menschen. Und das Wissen über diese Kleinheit ist und bleibt der Anfang aller Weisheit.

Die Botschaft der Felsfluchten und Eisflanken, der Schuttströme und Wasserfälle ist eine vernichtende Lektion gegen die Hybris einer Epoche, in der man die Schöpfung streckenweise mit einem Großlabor oder einer Maschinenhalle, mit einem Bereich unbeschränkter Machbarkeit verwechselt hat.

Sie ist eine eindrucksvolle Korrektur aller jener Ideologien, die den Menschen zum absoluten Mittelpunkt alles Denkens und zum Maß aller Dinge gemacht haben – jener Grundhaltung, die von der uralten Stimme fasziniert ist, die von Anfang an durch alle Zeiten immer wieder die Parole flüstert: „Ihr werdet sein wie Gott . . .“

Diese Botschaft der übermächtigen Berge ist wie ein leises Lachen über alle jene Programme und Heilsbotschaften, die davon ausgehen, der Mensch könne sich selbst aus seinen quälenden Fragen und Problemen erlösen und befreien, und daß er dazu nichts weiter brauche als ein raffiniertes Know-how und ein paar Psychotricks.

Das stumme Stehen und Schauen vor den Urgewalten und Riesenformen der Berge ist eine heilsame Belehrung, ein Zurechtrücken der Wirklichkeit, eine Offenbarung der Wahrheit: der Wahrheit über mein Kleinsein, meine Winzigkeit, meine Zeitlichkeit, meine Grenzen, mein Angewiesensein gegenüber

dem Gewaltigen, der hinter dieser Schöpfung steht und lebt.
An solchen Orten, die durch ihre Großartigkeit mit einer fast herrischen Geste alle Arroganz und Selbstüberschätzung verscheuchen, ist man fast versucht, den 8. Psalm umzudichten, ohne seinen Sinn zu verändern:
„Seh ich die Wände an, die Pfeiler und die Türme, die Wasser und das Eis, das Du geschaffen hast – was ist da noch der Mensch, daß seiner Du gedenkst . . .?"

Die Quelle

Schon als Kinder hat uns der gewaltige Wasserstrahl beeindruckt, der hoch über dem Tal aus einer Felswand schießt. Wir sind oft vor der dunklen Höhle gesessen, zu der es uns bei unseren Streifzügen immer wieder hingezogen hat, und ein Stück weiter unten, wo das Wasser etwas ruhiger war, haben wir uns einen kleinen See gestaut . . .
Jahre später, aber auch schon vor einem Menschenalter, habe ich mir in den Sümpfen Rußlands und Kareliens geschworen, nie mehr an einer Quelle vorbeizugehen, wenn ich noch einmal in die Heimat kommen sollte.
Und darum bleibe ich so oft bei den Quellen stehen.
Die Brunnen der Berge sind wirklich ein Wunder. Wenn man an die Flüssigkeit denkt, die aus vielen Hähnen Europas als Wasser rinnt, und dann die Hand mit dem Becher in die eiskalte Quelle taucht, dann begreift man das geflügelte Wort: „Zurück zu den Quellen!"
Es ist eigentlich gleichgültig, an welches Gebiet des Menschlichen man denkt – ob an Religion oder Kultur, an Geistesgeschichte oder Umweltfrage, an Recht oder Verfassung, an Erziehung oder Musik: Immer wieder, wenn die Ströme der Geschichte müde und trüb versumpfen und versanden, ertönt der

Ruf: „Zurück zu den Quellen!“ – Und dabei ist dieses „Zurück“ kein Regreß, sondern der Anfang des Fortschritts.
Wer nämlich zur Quelle aufbricht, muß aufwärts gehen. Quellen liegen immer höher als Flüsse, Seen und Meere. „Zurück zur Quelle“ bedeutet zwangsläufig den Gang in ein höheres Niveau.
„Zurück zur Quelle“ besagt auch naturnotwendig die Hinwendung zu mehr Schlichtheit, Reinheit, Klarheit, Durchsichtigkeit (und Genießbarkeit) der Gedanken, Konzepte, Grundsätze und Werte. Die Wassergüte nimmt ja bekanntlich nach unten ab.
Und schließlich muß der, der „zurück zur Quelle“ will, gegen den Strom waten. Es ist immer ein Weg mit Widerstand, ein Antreten gegen den Trend, ein Zusammenprall mit Verständnislosigkeit und Kopfschütteln – jedenfalls eine Fahrt, auf der man sich nie treiben lassen kann.
Und so braucht man sich nicht zu wundern, daß das Bild der Quelle nicht nur Kinder fasziniert, Sehnsüchte in der Fremde wachruft und Bergwanderer erfreut, sondern daß es zu einem Urbild der Menschheit geworden ist, zu einem jener Urbilder, die uns in der Welt der Berge so oft begegnen. Und diese Bilder kreisen immer wieder um das Erhabenste wie in den Worten des Psalms 87:
„Und sie werden beim Reigentanz singen:
All meine Quellen entspringen in Dir . . .“

Der Bannwald

Die Menschen in den Bergen haben ihn immer schon für heilig gehalten. Wir wissen heute, wieviel verlorengeht, wenn der Wald stirbt. Mit Bannwäldern stirbt noch mehr. Denn tief unter ihnen ducken sich Almhütten, Ställe,

Straßen, Höfe, Siedlungen, Existenzen und Menschenleben.

Der Bannwald ist in seinen höchsten Regionen nicht sehr ansehnlich. Er hat die schwersten Lebensbedingungen, und der Kampf mit Wetter, Wind und Schnee hinterläßt seine Spuren. Und doch – wenn wir ihn durchwandern, müßten wir uns eigentlich vor den alten Zirben und Lärchen, den zähen, blitzwunden, verwitterten Bäumen verneigen.

Es ist keine Kunst, einen Bannwald mit Motorsägen in ein paar Tagen hinunterzuschlagen. Das läßt sich heute flink und glatt besorgen. Anders ist es mit dem Aufforsten. Das dauert sechzig Jahre, wenn es überhaupt noch gelingt. In Lawinenstrichen stehen die Chancen schlecht für das Aufkommen von Jungpflanzen, wenn nicht ein paar besonders günstige Jahre aufeinanderfolgen. Diese Lehre der Berge hat man heute verstanden. Bannwälder sind geschützt.

Aber wie ist es eigentlich mit jenen Bannwäldern der Gesellschaft, den Wächtern des Ethos über ein menschenwürdiges Leben? Sind sie in den letzten Jahrzehnten nicht munter in die Steilhänge gezogen, die Holzfällertrupps mit dem fortschrittlichen Image der Tabubrecher und Moralverächter? Haben sie nicht mit den Motorsägen des angeblich aufgeklärten Intellekts die Bannwälder der tragenden Werte heruntergeholzt? Haben sie nicht über die Wettertannen gelacht, über die Weisheit uralter Gebote und Menschheitserfahrungen?

Bis jetzt hat die Gesellschaft und zum Teil auch der Staat das Abholzen dieser Bannwälder eigentlich nicht verpönt, sondern eher honoriert. Die Kahlschläge rentieren sich, und man kann damit gut verdienen – im Film, am Zeitungsstand, in der Politik und anderswo. Aber vielleicht kommt wieder die Zeit des Verneigens vor dem Bannwald. Vielleicht erkennt man, wie dumm es ist, oben abzuholzen und unten über die Lawinenkegel zu jammern. Vielleicht kommen sie wieder zu Ehren, die gewachsenen Schirmwälder, deren Bewahrung über Leben und Tod, über Glück und Unglück im Tal der Menschen entscheidet . . .

Das Geschenk

Wer wühlt nicht gerne in den alten Diapositiven und Fotos, die von den Bergfahrten stammen? Auch wenn sie nicht meisterhaft sind – wenn man die Augen schließt und jene schöneren Bilder aufsteigen läßt, die die Kamera des Herzens auf den Film der Erinnerung geborgen hat, wenn die Gesichter, die Menschen, die Seilschaften, die Tiefblicke, die ziehenden Nebel, die Gewitter und die Rastplätze auftauchen, die Erlebnisse und Begegnungen, dann überkommt uns unwillkürlich das Gefühl großer Dankbarkeit.
Welcher Bergsteiger (der den Namen verdient) wird schon diesen Reichtum mit der Feststellung quittieren, das alles sei eben eine Kombination von Schicksal, Zufall, Organisation, Leistung, Ausrüstung und Technik gewesen? Nein, es war alles Geschenk: die Sonne nach der kalten Nacht, der kühle Jochwind nach dem heißen Aufstieg, der freundlich angebotene Schluck Kognak auf dem Gipfel, die erste Quelle beim Abstieg, die wohlige Müdigkeit, der feine Bergkamerad, der verläßliche Führer – alles war Geschenk.
Und hier kommt das Bergerlebnis ein wenig mit dem sonst so bedeutenden Psychologen Sigmund Freud in Konflikt, der gemeint hat, die Motivation zum Religiösen könne nur aus der Frustration kommen, der Glaube sei sozusagen immer nur Pflaster auf die Wunden des Daseins.
Er hat nur zum Teil recht. Gewiß lehrt Not beten. Aber es gibt auch noch einen anderen Aufstieg zum Ewigen: das Geschenkerlebnis des Daseins. Und wer die Welt als Geschenk erfährt, fühlt sich zum „Danke“ gedrängt. Wer aber „danke“ sagen will, braucht ein „Du“. Zu einem „Es“ kann man nicht „danke“ sagen, weder zu einem Stein, noch zu einem Wasser, einer Wolke, einem Felsen, einer Natur, einem Universum, einem Schicksal, einem Zufall, einem Chaos oder einem Kosmos oder einem Irgendwas. Danken ist vom Begriff her persongerichtet. Wie hat ein weiser Mann einmal gesagt? – Es sei das größte Unglück des Atheisten, daß er nicht wisse, wem er danken solle . . .

Und so führen die Berge viele Menschen an jene Grenze, die man die Schwelle des Glaubens nennt. Und sie tun es so still und unaufdringlich, behutsam und vornehm, und gerade deshalb tun sie es so eindrucksvoll.
Die schlichte Inschrift auf einem Bergkreuz unter der Wildspitze lügt nicht, wenn sie sagt:
Viele Wege führen zu Gott – einer geht über die Berge!

Das Seil

In meinem Keller hängen zehn Vierzig-Meter-Seile. Hie und da muß wieder ein gedientes ausgeschieden werden. An Bergseilen darf es keine Schwachstellen geben – an ihnen hängt zu viel.
Das alte Seil nimmt eigentlich nur schöne Erinnerungen in den Ruhestand. Es hat im Lauf der Jahre so viele junge Menschen kennengelernt, verbunden und zusammengehalten. Es ist ein Stück perlongewebtes Miteinander, ein Symbol gemeinsamen Erlebens, gegenseitiger Verantwortung und Sicherheit. Es ist das schönste Sinnbild der Kameradschaft, der Gruppe.
Gruppen am Berg sind zwar meist ein vergängliches Gebilde, eine vorübergehende Sozialisation, aber trotzdem möchte ich diese Weise erzieherischen Zusammenseins am unliebsten aus der Erinnerung streichen. Gruppen am Berg knüpfen viele Bande des Miteinander, da werden viele Fäden zum Seil gedreht.
Schon der gemeinsame Aufbruchswille in die Höhen ist ein Garant für einen gewissen Gleichklang der Gesinnung, selbst wenn man sich vorher noch nicht so gut gekannt hat. Und dazu kommt die Atmosphäre der Entlastung vom Alltag, das befreiende biologische „Durchatmen", das beeindruckende Naturerlebnis, die neuerwachte Leistungsfreude, das Wissen um gemeinsam

bestandene Mühen und Gefahren und erreichte Ziele, das Erlebnis des Ernstes, der Vorsicht, der Verantwortung für den anderen und auch die Notwendigkeit verläßlicher Autorität und Führung – das alles bindet in einer Woche am Berg zusammen. Vielleicht ist es auch die neuentdeckte Intensität der schlichten Genüsse, die solche Runden so fröhlich macht, daß man für das Blödeln und Singen keine bezahlten Animateure braucht.
Und wenn dann einmal eine Bergmesse vor einer Szenerie gefeiert wird, die alle Altarbilder der Welt in den Schatten stellt, dann kann eine Gruppe am Berg vielleicht auch das Heilige neu erfahren, das sich im Alltag so abnützt. Ich weiß schon, daß alles Menschliche sein Zerrbild haben kann und daß nicht jede grölende Saufrunde auf einer Hütte als „Gruppe am Berg" gelten darf, auch wenn sie sich markig-alpin gibt. Hie und da stößt man auf solche Vereine, die im Tourenbuch mehr Hektoliter als Höhenmeter sammeln. Aber die echte Gruppe am Berg – das ist nicht nur eine schöne Erinnerung für alle, die dabei waren. Manchmal ist es auch ein Intensivkurs für soziales Verhalten und für den einen oder anderen vielleicht ein Stück Therapie . . .
Und darum hat das alte, zerrupfte Bergseil im Keller ein dankbares Streicheln verdient.

Die Bergwiese

Es gibt sie noch, die schönen Wiesen mit den Brunellen und dem Türkenbund, dem Enzian und den Anemonen. Vielleicht liegen sie ein wenig im Abseits, und wenn du daraufstoßen solltest, mußt du den Bergschuh behutsam aufsetzen.
Es gibt sie noch, wenn sie das Glück hatten, keiner Schipistenautobahn im Weg zu liegen, oder wenn sie steil genug sind, daß kein Erschließungsbesesse-

ner sie für die Planung eines Parkplatzes oder gar für ein Golfgelände entdeckt hat, auf dem man dann einen langweiligen Industrierasen anlegt.
Es gibt sie noch, die Bergwiesen, auch wenn die mühsame Arbeit des Bergbauern, der sie immer betreut hat, von einer milliardenstreuenden Gesellschaft kaum honoriert wird.
Noch gibt es die Bergwiesen, und es wird sie weiter geben, wenn wir wachsam bleiben und die Blumenrupfer auch in Zukunft immer seltener werden und immer mehr Menschen die Schönheit der Natur lieber in der Erinnerung des Herzens oder auf den Film gebannt als halbverwelkt in einer Schachtel nach Hause tragen.
Die Bergwiese ist ein Stück biologischer Lebensqualität. Sie ist auch so etwas wie ein Archetyp gesunder menschlicher Gemeinschaft, in der der einzelne das Recht auf seine Eigenart und sein Blühen hat, fernab von jeder ideologischen Gleichmacherei, und in der doch alle zusammen ein abgestimmtes Ganzes bilden. Auf der Bergwiese ist jedes ganz Blume, jedes ganz Gras, und doch sind alle miteinander ganz Wiese.
Aber damit die romantische Verklärung nicht zu weit getrieben wird, muß natürlich auch festgehalten werden, daß es auf der Bergwiese genau wie in der menschlichen Gesellschaft auch Kuhfladen gibt, um die gewisse Fliegen aufgeregt und engagiert schwirren, weil jeder frische, hochaktuelle Mist für sie viel interessanter ist als die zeitlos blühende Schönheit.
Und hier wie dort gibt es Maulwurfshügel, Anzeichen untergründig wühlender Destruktion mitten im Grün, und ebenso stehen in beiden Bereichen die Brennesseln am Rand, die jedermann ihre ätzende Visitenkarte abzugeben bereit sind.
Aber dies alles vermag das Wunder des Ganzen nicht zu stören, ja irgendwo gehört es dazu.
Und so bringt eine Rast auf der Bergwiese, inmitten des Duftens, des Gesumms und des streichenden Windes, neben der Ruhe nach der Wanderung auch ein hintergründig aufsteigendes Ja zum Leben . . .

Das Schauen

Es klingt zunächst merkwürdig – aber wir haben tatsächlich die Schule des Schauens nötig. Wir können natürlich sehen, ja in gewisser Hinsicht sind unsere Augen flinker geworden. Der Straßenverkehr hat uns beigebracht, blitzschnell zu reagieren, eine Vielfalt optischer und akustischer Signale aufzunehmen. Wir überblicken in Sekunden schnelle, komplexe Situationen. Unsere Augen jagen über Schaltbretter, Monitoren, Tabellen und Bildschirme, und jeden Tag üben sie das Huschen über die Zeitungsseiten. Unsere Augen sind unruhig und gehetzt geworden, überbeanspruchte Sehwerkzeuge, die keine Zeit mehr haben, auf Menschen und Dingen nachdenklich zu ruhen. Und die inneren Augen des Geistes sind diesem Lebensstil der äußeren gefolgt. Wir bewegen uns in flüchtigen, oberflächlichen und unzusammenhängenden Gedanken. Eine Unmenge von Detailwissen und sich überstürzende Informationen, die nicht abreißende Revue der Halbwahrheiten, Sensationen und Schlagworte bieten dem Gehirn ein Nonstop-Programm. Das alles hält uns auf Trab – und läßt uns doch leer. Wir stehen mehr unter dem Gesetz der Show als der Schau. Aus allen Ecken der Wissenschaften tönt die bewegte Klage, daß unserem Geist der umfassende Weitwinkel fehle und unserem Bildungswesen die Schau des Ganzen.

Und doch lebt im Menschen die Sehnsucht nach dieser Schau. Sie lebt durch die Geschichte des Geistes. Alle großen Denker waren bemüht, einen Dombau ihrer Gedanken aufzuführen. Jeder Künstler lebt letztlich aus einer inneren Schau der Dinge. Viele Werke der Weltliteratur sind an Fenstern geschrieben worden. Und Goethe hat die Freude des Menschen an der Schau in die Worte des „Türmers“ gefaßt:

„Zum Sehen geboren, zum Schauen bestellt –
dem Turme verschworen gefällt mir die Welt . . .“

Diese Verse sind dem Bergsteiger aus der Seele gesprochen. Schauenkönnen ist ein Glück. Und der Verlust der Schau im Herzen ist Unglück. Diese

Erkenntnis hat Nietzsche zur kulturpessimistischen Äußerung veranlaßt: „Die letzten Menschen werden nur noch blinzeln . . .“ „Blinzeln“, als die Reaktion eines überforderten menschlichen Auges, ist tatsächlich ein gutes Symbol für die Situation des „maßlos informierten Menschen“ unserer Tage, wie ihn Steinbuch genannt hat. Wir sind auf dem besten Wege, ständige Blinzler zu werden, die mit dem, was auf sie einstürmt, nicht mehr zurechtkommen.

Die Berge lehren beispielhaft das Schauen. Der Rundblick auf dem Gipfel nimmt alle Hast. Das Auge bekommt einen Zug ins Verweilende, Weite, Raumgreifende. Die Höhen bieten Horizonte und Talblicke, dunstige Ferne, blaue Silhouetten und stille Räume an, die sich am Morgen allmählich mit Licht füllen und von denen die Sonne am Abend einen langen, behutsamen Abschied nimmt.

Selbst bei meinem Beruf, der manchmal leider auch fast managerhafte Formen annimmt, empfinde ich die Schau vom Berg wie einen wohltuenden Ausgleich, eine Richtigstellung verschobener Dimensionen. Da wird das nur scheinbar Wichtige auf seine relative Größe zurückgeworfen, das eigentlich Überragende wird sichtbar. Der Blick von oben verhängt sich nicht im Vielerlei. Er umarmt die Welt und den Himmel.

Der Föhn

Er ist der gewaltige Harfenist der Berge. Er streicht über die Kämme und Grate wie über gespannte Saiten, er bringt die Wälder zum Singen und macht das weite Tal zu einem einzigen Klangkörper. Ein Debussy hätte sein Rauschen in Musik umsetzen können, so wie es dieser große Meister mit dem Spiel von Wind und Meer getan hat.

Der Föhn staut, reißt auf und räumt weg. Er türmt im Süden die Wolkenmauer über dem höchsten Kamm auf und läßt den Regen warten, er reißt nordwärts den Himmel auf und räumt in Minutenschnelle den Smog aus dem dichtbesiedelten Tal.
Er ist ein Reiter der wilden Jagd, ein rücksichtsloser Großreinemacher, ein besessener Radikalist.
Kein Wunder, daß er bei seinem Temperament nicht aller Freund ist. Er kann Bergseen jäh aufwühlen und die Lawinen donnern lassen. Für manche Menschen bringt er Beklemmung und Belastung, lähmt und macht müde. Und hie und da singt er einem Kranken das Reiselied . . .
Aber die Föhntage sind von einer wunderbaren Klarheit. Da gibt es kein dunstiges Flimmern, keine zähen Schwaden und Schleier und keine verschwimmenden Konturen. Alles ist durchsichtig, scharf und leuchtend in den Farben und im Spiel von Licht und Schatten. Und er kann mit jagenden Wolken malen wie kein anderer.
Wir brauchen von Zeit zu Zeit den reinigenden Sturm, nicht nur im Bergland und im Talbecken der Großstadt.
Wir brauchen ihn in der Geistesgeschichte, der Gesellschaft, in der Kunst und in der Kirche, im Leben jeder Gemeinschaft und in der Landschaft des eigenen Herzens.
Wir brauchen Epochen, die aufreißen und klären, auch wenn sie einige Belastungen bringen. Nach ihnen wird dann wieder der fruchtbare Regen strömen – wie beim Föhn.
Wie weise waren die Menschen des Alten Orients, die für „Wind“ und „Geist“ dasselbe Wort gebrauchten! – Im Föhn, der über die Höhen fährt, an den Bergwäldern zerrt und um die Türme der Stadt orgelt, liegt eine ferne Erinnerung an Pfingsten . . .

Die heiligen Höhen

Die Nähe der Berge zum Religiösen ist nicht einfach der Traum eines frommen Romantikers. Die Verbindung von Berg und Glaube ist so alt wie die menschliche Kultur. Menschen aller Zeiten haben die Botschaft der Berge vernommen, wie sie ein Psalm ausdrückt:
„Der Tag gibt es weiter dem Tag, eine Nacht raunt es der anderen zu. Da ist keine Sprache, kein Wort – unhörbar bleibt ihre Stimme, und doch – über alle Lande ergeht ihr Ruf . . .“
Diese Botschaft wurde weitum gehört, von den Anden, in denen Heiligtümer auf über 4000 m Höhe gefunden wurden, bis zu den „Thronen der Götter“, den Eisriesen des Himalaja, vom Olymp Griechenlands bis zum Kilimandscharo. So tief ist diese Verbindung von Berg und Gottesverehrung, daß die Völker des Zweistromlandes, als sie aus den Bergen in die Ebenen einwanderten, dort künstliche Berge, gewaltige Stufentürme errichteten; und um das Himmelragende dieser Bauwerke anzudeuten, schmückten sie die oberste Stufe des Zikkurat mit blaulasierten Ziegeln. Es ist nicht einfach der gefühlvolle Traum der Romantik und ihrer Nachfahren, von „heiligen Höhen“ zu sprechen. Dieser Gedanke wächst aus dem Bedürfnis der sich entfaltenden menschlichen Kultur, die Welt als Symbol zu sehen. Und man sollte sich natürlich nicht allzuviel darauf einbilden, wenn man diese Kunst des Schauens in einer oberflächlich orientierten Zivilisation verliert und dann zum Beispiel dazu neigt, in den Bergen nichts anderes als überdimensionierte Turngeräte, Fitneßbahnen oder Sonnenbräunestudios zu sehen.
Der echte Bergsteiger wird die heiligen Zeichen auf den Höhen grüßen, hier und in anderen Ländern, Kulturen und Religionen.
Unsere kleinen, schlichten Bergkirchen atmen eigentlich eine unverfälschte Frömmigkeit. Sie sind zu einfach, als daß sie in den Verdacht kommen könnten, falscher Ruhmsucht oder dem Prestige irgendeines hohen Geschlechtes zu dienen. Sie sind schon längst frei von allem Beigeschmack der

Beschwörung und Bannung böser Geister, von aller Magie oder irgendwelchem Gegenzauber. Ihre Türmchen stehen als schlanke Silhouetten hoch über Tälern und grüßen immer wieder eine Gruppe von Betern, die sich auf dem Serpentinenweg heraufmühen.
Die kleinen Bergkirchen sind mit den Bergen eins. Sie verdeutlichen nur die stumme Sprache der Schöpfung.

Das Gipfelkreuz

Bei jedem Aufstieg kommt einmal die letzte Seillänge, das letzte Gratstück oder der letzte Grashang, und dann ist es soweit. Selbst wenn ein Eiswind die Rast ungemütlich macht und die Nebelfetzen die Talsicht verhängen, ist das Erreichen eines Gipfels doch ein Fest, ein Stück vom großen Sabbat, weil der Weg zu Ende ist.
Am Ende all der vielen tausend kleinen Wege, die wir Menschen machen, steht immer wieder die Frage nach dem Sinn. Wir suchen einen Sinn für alles, was wir tun und anstreben, wir können gar nicht anders, als mit Blick auf Sinn durchs Leben zu gehen, sei es nun ein Vorteil, den wir ins Auge fassen, eine Begegnung mit einem Menschen oder eine Hilfe für einen Menschen, die uns beflügelt, sei es eine Erholung, die wir brauchen, oder meinetwegen das Glas Bier, das uns auf der Hütte erwartet und das bekanntlich auch eine mächtige, sinnstiftende Motivation ausüben kann. Wir brauchen Sinn für alle Wege. Aber die genannten Beispiele betreffen sozusagen den Kurzstreckensinn, den Teilsinn.
Am Gipfel, wo die Welt zu Ende geht und wo über uns nur mehr der weite Himmel steht und die Wolken ziehen, wächst aus dem Blick in die Tiefe und Weite die Frage nach dem *Sinn des Ganzen*. Irgendwann fühlt das fast jeder,

auch wenn er sich's nicht so bewußt eingesteht: Diese Frage nach dem Sinn des Ganzen ist entscheidend. Wer diesen großen Sinn nicht erahnen, fühlen, vernehmen, glauben und im Herzen tragen kann, für den werden die kleinen Kurzstreckensinngebungen des Alltags eigentlich auch fraglich. Was soll das Detail, wenn das Ganze ein Unsinn ist? Darum ist die Frage, ob wir einen Sinngipfel ersteigen und einen Gipfelsinn erleben, eine Frage nach dem Lebensglück. Dieses Jahrhundert hat die düstere Aussage eines Philosophen gebracht: „Das Dasein ist absurd. Ich habe zu wählen zwischen Gott und dem Absurden. Gott ist für mich unerträglich, also wähle ich das Absurde . . ." Hier hat sich der Mensch wohl in einer trostlosen Schlucht verstiegen. Wenn alles absurd ist, ist es dann eigentlich nicht auch absurd zu behaupten, daß alles absurd sei? Aus solchen Überhängen führt keine Route mehr nach oben. Ich glaube nicht, daß auf den Gipfeln sehr viele Menschen in dieser düsteren Grundstimmung stehen. Wenn es keine Gläubigen sind, dann sind es doch Sucher. Und das ist schon sehr viel.
Das Gipfelkreuz, das auf so vielen Bergen unserer Heimat steht, deutet den letzten, allumfassenden Sinn aller Wege: die erlösende Liebe des Unendlichen. Und darum sagt ein Gipfelkreuz viel mehr als ein Vermessungszeichen, das mir mit nüchterner Exaktheit mitteilt, daß ich mich nunmehr auf 3354 m Seehöhe befinde . . .

Die Bergmesse

Ein einziges Mal im Leben ist mir das Glück widerfahren, daß in einer steilen, sonst nicht begangenen Rinne unter einem Gipfel etwas in der Sonne vor mir aufgeblitzt ist: ein Bergkristall!
Bei einer Bergmesse geschieht für manche etwas Ähnliches. Es blitzt im Licht

der Höhe ein Geheimnis auf. Das Merkwürdige dabei ist, daß der Zugang dazu zugleich schwerer und leichter ist als drunten im Tal: schwerer für die Beine, aber manchmal leichter für das Herz.
Denn so wie die Bergblumen intensivere Farben haben als ihre Artgenossen im Tal, so kann es auch sein, daß heilige Dinge und heilige Worte in einer Feier auf dem Berg mehr Leuchtkraft bekommen als im schlichteren Gang des gewöhnlichen Lebens im Alltag des Jahres.
Das gilt für das *Gloria*.
Hier oben wogt ein Lobgesang, den kein Tedeum eines großen Meisters einholen kann. Da singt und spielt im weiten Umkreis zuviel mit: Gipfel und Grate, Sonne und Wind, Bäche und Bergfinken.
Und so ist es beim *Sanctus*.
Wir sind ja eher ein Geschlecht, das von der Horizontalen beschlagnahmt und fasziniert ist und nicht so sehr von der Vertikalen ergriffen wird. Aber hier oben kann es schon sein, daß der Appell „Empor die Herzen!" ein bereitwilligeres Ohr findet. Auf dem Platz zwischen Himmel und Erde wissen wir uns dem Chor der Cheruben näher und mit ihnen auch näher dem heiligen Gott.
Vielleicht blitzt es auch im *Agnus Dei* auf?
Begegnet uns Christus in dieser Höhenstunde lebendiger?
Hat Er nicht selbst den Berg gewählt, um inniger zu beten? Hat Er sich nicht auf einem Berg niedergesetzt, um das Lied der Seligpreisungen anzustimmen? Ist Er nicht auf den Berg gestiegen, um vor seinen Freunden zu strahlen und zu leuchten? Und hat Er seine Jünger nicht von einem Berg aus in alle Welt gesandt?
Ich habe damals den blitzenden Kristall aus der Felsrinne unter dem Gipfel natürlich mit nach Hause genommen. Es wäre zu wünschen, daß die vielen, die heute zu Bergmessen zusammenströmen, es nicht bei einer erhebenden Stunde bewenden ließen, sondern den blitzenden Kristall des Mysteriums mit nach Hause nähmen . . .

Der Herbstabend

Es gibt kein schöneres, milderes Licht als einen Herbstabend in den Dolomiten. Nie sind Wände und Pfeiler zarter und plastischer in ihren Strukturen als im verglühenden Rosa der Felsen und im Dämmerblau der Schatten. Jeder Fotograf weiß, daß ihm kein Frühlingsmorgen und kein Sommertag das malen kann, was ihm ein Herbstabend beschert.

Ein alter Grödner Bauer sitzt neben mir auf der Bank und schaut in die ihm alltägliche Pracht, in den Dombau des Langkofels und die Wände der Sella. Es ist ein stilles Schauen, kein Anlaß für wortreiche Ergüsse. Aus der Pfeife steigt ab und zu ein besinnliches Wölklein wie von herbstlichen Kartoffelfeuern. Und auf einmal bildet der gelassene, alte Mann eine geheimnisvolle Einheit mit dem ganzen Zauber dieses Abends.

Ein Herbstabend in den Bergen ist der Inbegriff der positiven Seiten des Alterns. Natürlich kann es im Lebensgefühl des alten Menschen auch die Nebel der Vereinsamung und die Grautöne der Verbitterung geben. Aber der Herbstabend offenbart die Chancen.

So kann im Alter eine *Reife* aufkommen, die im Sommer des Lebens fast unerreichbar ist. Dazu müssen die Felder und Wiesen des Daseins abgearbeitet, die Ernte in die Städel gebracht, die dürren Kräuter und Stengel der Eitelkeiten in herbstlichen Feuern verbrannt sein. Es wächst dann ein stilles Wissen um das, was bleibt und gilt, ein Wissen, das sich durch Belanglosigkeiten nicht beeindrucken läßt, so wenig, wie sich die schweigsamen Wände des Langkofels von der Geschäftigkeit der Talstraße stören lassen.

Und bei alten Menschen kann man eine *Milde* antreffen, eine Sicht der Menschen und der Welt in Pastelltönen, die selbst die Schluchten, Risse und Abgründe des Bösen mildern. Es ist jene Milde, die nur dann aufkommt, wenn man um die eigenen Schatten und das eigene Scheitern weiß.

Das Alter kann auch eine durchsichtige *Klarheit* bringen, eine weite Schau der Lebenslandschaft bis dorthin, wo der Himmel die zarte Linie der letzten,

fernen Gebirgskette berührt. Irgendwann ist mir einmal eine Untersuchung in die Hände gekommen, in der empirisch nachgewiesen wurde, daß nach der Lebensmitte die Aufmerksamkeit des Menschen unmerklich, aber immer stärker um wesentlichere Dinge und Fragen zu kreisen beginnt und daß damit zwangsläufig auch das religiöse Anliegen an Gewicht gewinnt.
Und so gibt es tatsächlich eine innere Beziehung zwischen dem alten Menschen und dem Herbstabend in den Bergen, so wie zwischen dem alten Bauern auf der Bank und dem verglühenden Langkofel . . .

Die Weite

Wenn an einem Herbstmorgen auf dem Habicht der Blick die große Runde antritt, von der Zugspitze zum Steinernen Meer, vom Dachstein zum Großglockner, vom Triglav zur Pala und vom Rosengarten zur Wildspitze, und wenn bei diesem Kreisen der Himmel vom Schwarzblau der Nacht über das Rosa des Morgens bis zum Gold der steigenden Sonne alle Farben spielt, während die Täler, die Dörfer und die Stadt noch im Dunkeln dämmern, aus dem die letzten verschlafenen Lichter heraufblitzen – dann versteht man ein Psalmwort ganz neu:
„Du hast mich herausgeführt ins Weite . . .“
Denn die Weite tut uns gut.
Was nämlich die geistigen Grundeinstellungen betrifft, so gleichen wir Menschen dieses Zeitalters einem Fotografen, der mit seiner Kamera auf der Jagd nach Vordergrund ist, nach Staubgefäßen und Spinnenbeinen, nach Tautropfen und Gräsern. Dazu muß er die Optik seiner Kamera auf „nah“ drehen, damit er das Gewünschte ins Blickfeld kriegt. Wir drehen auch die Optik unseres Geistes auf „nah“, wir konzentrieren uns auf Vordergrund.

Oder wie soll man das anders nennen, wenn zum Beispiel ein einseitiges wissenschaftliches Denken nur das gelten läßt, was chemische Analysen und physikalische Geräte sagen und was man mathematisch exakt ausdrücken kann? Wenn nur das Meßbare gilt und die vielen anderen unmeßbaren Wirklichkeiten, die das Leben tragen, außer acht bleiben? Oder wenn man sich ausschließlich für das Nützliche, Praktische und Gewinnbringende interessiert, wie es Technik und Geschäft natürlich tun? Es ist Jagd nach dem Vordergrund, wenn wir in einer Wohlstandsmentalität nur das Genußreiche und Bequeme anpeilen.
Und in die gleiche Kerbe schlägt die allgegenwärtige Reklame, die schnelle Autos, Suppenpulver und Schönheitscremen zu lebenserfüllenden Glücksgütern hochjubelt.
Der Alltag, in den wir eingespannt sind, drängt sich sowieso mit unzähligen Belanglosigkeiten in den Vordergrund.
Wir starren gebannt auf das Unwichtigere, Genußreiche, Vorteilhafte, Modische, Belanglose, Nützliche, Praktische, Meßbare und „Exakte". Und damit drehen wir die Optik unseres Herzens auf „nah". Und nun ergeht es uns bei dieser Optikeinstellung ganz gleich wie dem Fotografen auf der Jagd nach dem winzigen Detail: Sobald er den Vordergrund, den kleinen Schmetterling, mit dem Drehen der Optik ins Visier bekommt, verschwinden die Hintergründe. Wiesen, Wälder, Berge und Wolken werden zu undeutlichen, verschwimmenden Farbflecken. Die Horizonte lösen sich auf, die Hintergründe gehen verloren. Wenn Herz und Geist nur auf „nah" drehen, schwinden die tragenden Werte und Wahrheiten des Lebens. Wir werden im bedrückendsten Sinn des Wortes Kurzsichtige.
Und darum tut uns die Weite so gut.
Der Morgen auf dem Habicht wischt einmal alle kleinen Dinge weg, Prüfungsstoff und Bilanzen, Akten und Ärger mit dem Nachbarn, Modediktat und Statussymbol. Im überwältigenden Rundblick wird uns bewußt, daß wir Menschen von Zeit zu Zeit an der Optik des Herzens drehen müssen, bis im

Bild wieder die großen Konturen der Lebenslandschaft auftauchen, ja daß wir bis dorthin drehen müssen, wo auf der Skala des Fotoapparates der liegende Achter sichtbar wird, das Zeichen für „unendlich“...

Die Erinnerung

Es ist ein Krankenbesuch wie viele andere. Die zittrigen Hände des alten Mannes wühlen in der Schachtel mit den Fotos. Es sind die Hände eines Schwerkranken, und das Herausholen eines Bildes gelingt mühsam. Es ist ein einfaches Gipfelfoto, ein Allerweltsschnappschuß – aber was meinen Blick gefangennimmt, das sind die Augen, die Augen des Kranken, die in diesem blassen Gesicht noch einmal einen Schimmer von Freude bekommen: „Kennen Sie das ...? – Der Ortler! – Das war ein Tag ...!“

Am Ende dieses Buches möchte ich nicht mehr auf den Bergen selbst, sondern bei diesen Augen verweilen. Sie haben für ein paar Momente einen Schatz in der Tiefe verraten: *die Erinnerung*.

C. G. Jung hat einmal gesagt, daß das Entscheidende für den Menschen die inneren Bilder seien, die er in seiner Seele birgt, zu denen er zurückkehrt und nach denen sich sein Leben gestaltet. Wer mit Bildern spricht, meint dieser große Kenner des Menschenherzens, spricht mit tausend Zungen ...

Die Berge sprechen mit Bildern. Es ist die einzige Sprache, die sie beherrschen. Diese Bilder dringen in uns ein – und wenn wir seltene Steine gefunden hätten und im Rucksack hinuntertrügen, sie wären nie so kostbar wie diese Bilder in der Seele. Diese Bilder sind noch immer bei uns, wenn auf der Heimfahrt der Scheinwerfer schon längst über die nächtliche Autobahn tastet oder wenn wir uns, eingehüllt von Müdigkeit und wohliger Entspannung, in die Sitzecke des Schnellzugs kuscheln, der ins flache Land hinausjagt. Und diese Bilder wandern dann in jene Räume der Seele hinab, die der heilige Augustinus die Gefilde und Paläste der Erinnerung genannt hat, geheime Heiligtümer, weit und grenzenlos. Es kann sein, daß im täglichen Betrieb und seiner vielfältigen Beanspruchung diese Museen des Herzens geschlossen bleiben. Und ohne daß wir es merken, betreibt die Erinnerung in den dunklen Tiefen des Halbvergessens ein wenig Wohnkultur und hängt lieber die schönen Bilder auf und verräumt die häßlichen. Das kann auch eine Gefahr werden, weil wir Menschen darum manchmal geneigt sind, die Vergangenheit zu verklären. – Aber bei diesen Bergbildern, die die Erinnerung in die Gemäldesammlung der Seele einfügt, brauchen wir diese Angst nicht zu haben. Diese Schaustücke des Gedächtnisses sind nur ein Beitrag zur Lebensfreude und zum Lebensmut.

Sie tauchen dann und wann unvermittelt auf, bei einer Lektüre, einem Gespräch, einem Kartengruß – oder in jenen grauen Stunden, in denen wir auf uns allein zurückgeworfen sind bis hinein in die Jahre, in denen die Beine nicht mehr recht wollen und das Herz schon beim Stiegensteigen streikt, ja bis hinein in das Aufleuchten der Augen des alten, kranken Mannes.

Und weil in diesen Bildern ja nicht nur ein Stück flüchtiger Vergangenheit, sondern so viel zeitlose Schönheit und ewige Wahrheit geborgen ist, sind sie ein Teil von dem, was man den „inneren Halt“ des Menschen genannt hat, und sie sind dies besonders für den Menschen, der gezwungener Weise von zahllosen Notwendigkeiten, Belastungen, Leerläufen, tristen Umgebungen sowie vordergründigen Zwecken und Zielen beschlagnahmt wird.

Und so beschwört das Wort von Rainer Maria Rilke in seinem Gedicht „Der Bodensee“ das ganze Glück der Erinnerung des Bergsteigers:

„Und hinter den Uferzielen
tauchen die vielen, vielen
Silberberge auf.“

Bildmotive und Fotografen

Seite 2–3: Das beeindruckende Schlernmassiv mit Euringer- und Santnerspitze, Symbol und Wahrzeichen Südtirols – Foto Hanspaul Menara

Seite 7: Rotwand im Rosengarten, einer der schönsten Aussichtspunkte der Dolomiten – Foto Reinhold Stecher

Seite 10–11: Unter der großartigen Civetta-Nordwestwand, in unmittelbarer Nähe der herrlich gelegenen Tissihütte – Foto Hannes Gasser

Seite 14–15: Patscherkofel bei Innsbruck nach sommerlichem Schneefall, berühmter Aussichtsberg – Foto Paul Ladurner

Seite 18–19: König Ortler, unnahbare Fels- und Eisszenerie in ursprünglicher Schönheit – Foto Hermann Frass

Seite 22–23: Früher Morgen im Fischleintal mit Zwölferkofel – Foto Paul Ladurner

Seite 26–27: Abendstimmung über dem Inntal – Foto Adolf Sickert

Seite 30–31: Finailspitze, Ötztaler Alpen; auf den letzten stürmischen Metern über den Wächtengrat zum Gipfel – Foto Egon Wurm

Seite 34–35: Der Umgang mit der Gefahr gehört zur Schule der Berge. Mit der Höhe ist die Tiefe miteinbegriffen – Foto Heinz Zak

Seite 38–39: Zur Zeit der Schneeschmelze bohrt sich die Soldanelle, das Eisglöckl, durch die Schneereste; sie ist im subalpinen und alpinen Raum beheimatet – Foto Paul Ladurner

Seite 42–43: Bianco-Grat am Piz Bernina; der Bergmorgen mit dem berauschenden Sieg des Lichts – Foto Karl Gabl

Seite 46–47: Die wuchtige Ostwand der Rosengartenspitze im Morgenlicht – Foto Heinz Zak

Seite 50–51: Monte Piano, stark umkämpfter Kriegsschauplatz im Ersten Weltkrieg, mit Blick auf die Drei Zinnen – Foto Hannes Gasser

Seite 54–55: Bocchette-Weg in der Brentagruppe; der Weg quert die Ost- und Südwand der Torre di Brenta – Foto Hanspaul Menara

Seite 58–59: Zurück zu den Quellen: Die Brunnen der Berge sind wirklich ein Wunder – Foto Heinz Zak

Seite 62–63: Lang- und Plattkofel vom Confinboden aus – Foto Paul Ladurner

Seite 66–67: Seilschaft beim Aufstieg zur Wildspitze – Foto Archiv

Seite 70–71: Blumenübersäte Almwiese mit Furchetta und Sass Rigais – Foto Hermann Frass

Seite 74–75: Spiel von Licht und Schatten in den aufgetürmten Wolkenmauern, alles ist durchsichtig, scharf und leuchtend in den Farben – Foto Egon Wurm

Seite 78–79: St. Barbara in Wengen, Gadertal, nach einem Gewitter – Foto Reinhold Stecher

Seite 82–83: Gipfelmesse mit Bischof Stecher auf der Nockspitze, dahinter Kalkkögel und Hoadl – Foto Heimatwerbung Tirol

Seite 86–87: Die gewaltigen Felsfluchten der Geislerspitzen im milden Abendlicht – Foto Paul Ladurner

Seite 90–91: Die mächtigen Nordabstürze des Monte Pelmo; der Rundblick in blaue Silhouetten, stille Räume und dunstige Ferne nimmt dem Menschen alle Hast – Foto Hermann Frass

Seite 94–95: Der sagenumwobene Coldaisee, dessen Wasser in der Abendstimmung „goldhältig“ werden, im Hintergrund die Marmolata – Foto Hanspaul Menara

Umschlagbild: Die Vajolettürme: kühn und verwegen steigt der schlanke Winklerturm zu grandioser Höhe auf – Foto Adolf Sickert

Umschlagbild Rückseite: Foto Gudrun Müller

Weitere Bildmeditationsbände aus dem Tyrolia-Verlag

Sonnengesang des Franz von Assisi

Mit 24 doppelseitigen Farbbildern von Wulf Ligges und Texten von B. Praxmarer und P. L. Lehmann

„Ein einziges Lob der Schöpfung ist der Sonnengesang des heiligen Franz von Assisi. Eine Hymne auf die Schönheit der Natur und die Güte Gottes ist auch das vorliegende Buch. Es zeigt, daß der Sonnengesang – das Lied aus dem Mittelalter – auch für den aufgeklärten Menschen des 20. Jahrhunderts nichts von seinem Zauber verloren hat.“ Deutsche Tagespost, Würzburg

„Das Buch ist für Menschen gedacht, denen die umfassende Gemeinschaft mit der Natur in der auf industriellen und technischen Fortschritt hinzielenden modernen Massengesellschaft noch nicht verlorengegangen ist und denen Mutter Erde und Bruder Feuer, Wind und Wetter, Sonne und Mond noch erfahrbare Wirklichkeit der Schöpfung bedeuten.“ Büchereinachrichten

„Das ist ein bibliophiles Meisterwerk.“ Fuldaer Zeitung
Unter den „Schönsten Büchern Österreichs“.

Hellmut Santer – Wulf Ligges

Über allem die Liebe

Ein Meditationsband mit 24 doppelseitigen Farbbildern

Es ist das schönste Wort, das Wort Liebe. Alle Sehnsüchte ruft es in uns wach, nach Geborgenheit, Zärtlichkeit, Glück, Freude. Gott ist die Liebe. Seine Liebe ist nicht nur ein Wort geblieben. Sie hat Gestalt angenommen und ist zu uns gekommen in Jesus Christus. An ihm sehen wir, was Liebe ist und was Liebe vermag.

„Die wegweisenden und trostvollen Gedanken strahlen Freude und Hoffnung aus. Ein vortrefflicher Bildband, der dem Leser die Wunder der Natur und Landschaft in faszinierenden Perspektiven vor Augen führt.“ Evang. Kirchenbote, Linz

Josephine Hirsch – Peter A. Thomas

Wie gut, daß du mich kennst

Ein Meditationsbuch mit 19 doppelseitigen Farbbildern

Josephine Hirsch legt hier sehr glaubwürdige religiöse Texte vor: trostvolle Texte voll Poesie über das Leben, seine Freude, seine Dunkelheit, über den Tod, aber vor allem über die Hoffnung im Leben und über das irdische Leben hinaus. Die Bilder laden zu besinnlichem Betrachten der Natur ein.
Zeit im Buch, Wien

Die Texte werden vor allem junge gläubige oder zumindest suchende Menschen ansprechen. Sie gehen von der existenziellen menschlichen Betroffenheit aus, zeichnen anschaulich Bilder, arbeiten Gegensätze heraus und finden ihren Höhepunkt in der direkten Hinwendung zu Gott. Studien- und Beratungsstelle, Wien

Maria Riebl

Bergpredigt

Ein Meditationsbuch mit 18 doppelseitigen Farbbildern

Die Bergpredigt ist wie ein Echo Jesu von Nazaret, das widerhallt durch die Geschichte bis in die Gegenwart. Glaubende Christen und Nichtchristen finden in ihr die Spur zu einem lebbaren menschlichen Zusammensein, die Spur zum Menschen.
Texte und Bilder nehmen den Leser mit auf einen Weg, der Leben verheißt, ermutigen und laden ein, dem Leben zu dienen: damit endlich Friede wird in der Welt der Mächtigen, im menschlichen Miteinander, im eigenen Herzen.

„Die Verfasserin geht feinfühlig den Problemen des heutigen Menschen nach und bietet Anregungen aus dem Schatz der Bergpredigt zu einem Leben aus Gottes Kraft." Sr. Myriam, Haus der Stille

Hellmut Santer – Wulf Ligges

O Heiland, reiß die Himmel auf

Ein Meditationsband mit 24 doppelseitigen Farbbildern

Ein Buch, das in bilderreicher, lebensnaher Sprache den Sinn des Weihnachtsfestkreises neu erschließt und durch die ausdrucksstarken, gehaltvollen Landschaftsbilder zu einem intensiven Erlebnis gestaltet.

„Auch heute haben Menschen das Bedürfnis, mehr: die Sehnsucht, Einkehr zu halten bei sich selbst, das Gespräch mit Gott zu suchen, stumm zu fragen nach Woher und Wohin. H. Santer hilft dabei, leiht die Worte, behutsam und berührend – und trostvoll! Ihn wieder unterstützen die traumhaften Bilder des vielfach ausgezeichneten Photokünstlers Wulf Ligges." ORF, Wien

Umschlagfoto vorne: Adolf Sickert; hinten: Foto Müller, Innsbruck

Mitglied der Verlagsgruppe „engagement"

Die Deutsche Bibliothek – CIP-Einheitsaufnahme

Botschaft der Berge / Reinhold Stecher. – 45.–49. Tsd. –
Innsbruck ; Wien : Tyrolia-Verl., 1992
ISBN 3-7022-1569-7
NE: Stecher, Reinhold

45.–49. Tausend 1992

Lithos: Ifolith, Innsbruck.
Satz, Druck und Buchbinderarbeit in der Verlagsanstalt Tyrolia Gesellschaft m. b. H., Innsbruck.